Illisibilité partielle

Contraste insuffisant
NF Z 43-120-14

VALABLE POUR TOUT OU PARTIE DU DOCUMENT REPRODUIT.

Début d'une série de documents
en couleur

JULES SOURY

Oratoire
et
Laboratoire

(Extrait de L'ACTION FRANÇAISE)

PARIS
AUX BUREAUX DE L'ACTION FRANÇAISE
28, RUE BONAPARTE

1901

PUBLICATIONS DE JULES SOURY

Dans *L'Action Française*

Lettre à Charles Maurras. — Le général Mercier et la seconde condamnation, à Rennes, du traître Dreyfus (1er et 15 *mars* 1900).

A. Renan. Commémoration des Morts (1er *novembre* 1900).

La Rédemption d'Israël (1er *avril* 1901).

La Ligue des Droits de l'Homme et le Régicide (*Ibid*).

Science et Religion (15 *avril* 1901).

L'Esprit universitaire et l'Ame juive (1er *mai* 1901).

Luther et les Juifs (1er *juin* 1901).

L'Empire romain et les Juifs (1er *juillet* 1901).

Guignols d'Assommoir (1er *août* 1901).

L'Alliance russe et la grâce des proscrits (15 *septembre* 1901).

1896-1901. Visites de Tsar (15 *octobre* 1901).

La Race : Juifs et Aryens (15 *décembre* 1901).

Résurrection (1er *janvier* 1902).

OUVRAGES DE M. JULES SOURY

Le Système nerveux central. Structure et fonctions. Histoire critique des théories et des Doctrines. 2 vol. in-4° (G. Carré et C. Naud). (*Ouvrage couronné par l'Académie des Sciences et par l'Académie de Médecine en 1900.*)

Les fonctions du Cerveau. 2ᵉ édit., 1 vol. (Libr. du *Progrès médical*).

Bréviaire de l'Histoire du Matérialisme. 1 vol. (Charpentier).

Philosophie naturelle. 1 vol. (Charpentier).

Théories naturalistes du monde et de la vie dans l'Antiquité. 1 vol. (Charpentier).

Études historiques sur les Religions, les Arts, la Civilisation de l'Asie Antérieure et de la Grèce. 1 vol (Reinwald).

Études de psychologie historique :
   I. *Portraits de femmes*. 1 vol. (Fischbacher).
   II. *Portraits du XVIIIᵉ siècle*. 1 vol. (Charpentier)

Essais de critique religieuse. 1 vol. (Leroux).

Jésus et la Religion d'Israël. 3ᵉ édit. revue et corrigée. 1 vol. (Fasquelle).

Morbid Psychology. Studies on Jesus and the Gospels. A Study in comparative Mythology. Translated by J.-B. Mitchell, M. D., and Annie Besant. 1 vol. London printed by Annie Besant and Charles Bradlaugh.

De Hylozoismo apud Recentiores (*Th. de doctorat*). 1 vol. (Charpentier).

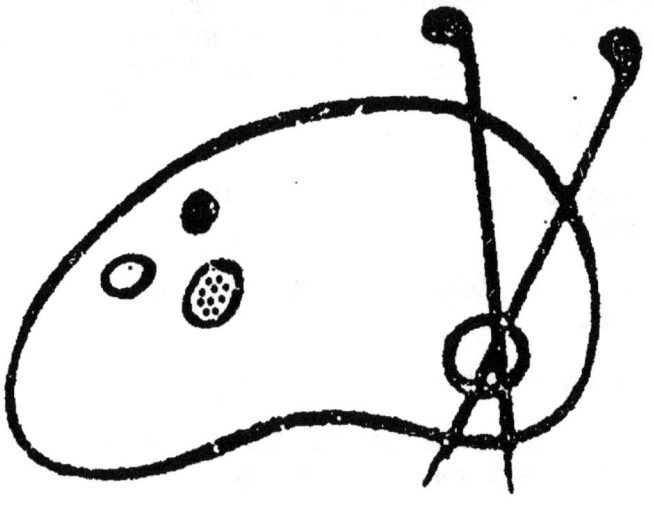

Fin d'une série de documents en couleur

Oratoire
et
Laboratoire

PAR

JULES SOURY

PARIS
BUREAUX DE *L'ACTION FRANÇAISE*
28, RUE BONAPARTE

1901

ORATOIRE ET LABORATOIRE

J'ai soutenu et je répète qu'entre la foi et la science, bien comprises, il n'existe point de conflit possible; mais, s'il n'y a pas de conflit possible, c'est à la condition qu'il n'y ait point de rencontre. Leur domaine est distinct; elles s'ignorent, elles ne répondent ni aux mêmes besoins ni aux mêmes questions. Si l'une entreprend sur le domaine de l'autre, comme il y en a tant d'exemples; si, sous prétexte d'accord et d'harmonie supérieure, on tente de réconcilier la science et la révélation, la rencontre ne peut être que désastreuse : c'est une catastrophe.

La science ne sait rien et, par définition, ne peut rien savoir de ce que croit la foi : Dieu, la création, l'âme immortelle, la liberté morale, la vie future, le miracle et le surnaturel.

La foi ne sait pas : elle croit. Ses certitudes sont des illuminations de ce qu'elle appelle la grâce. Si un seul rayon de ce foyer mystique pouvait tomber dans un laboratoire, il en fausserait tous les instruments, il réduirait à néant jusqu'à la notion même de science.

I

Voici un aphorisme qu'avec un grand chrétien, le docteur Grasset, professeur de clinique médicale à l'Université de Montpellier, j'aimerais à rappeler et à mettre en pratique : *On peut, sans contradiction, aller successivement à son laboratoire et à son oratoire* (1). Mais le laboratoire reste toujours distinct de l'oratoire.

Quand un savant entre dans une église, il se prosterne avec une humilité d'autant plus grande que sa science est plus étendue, sa philosophie plus profonde. Autrefois, les gens d'église laissaient paraître une humilité toute semblable lorsqu'ils franchissaient la porte d'un laboratoire ou d'une salle de cours. Il m'est resté une vision très nette de ces mœurs du clergé d'autrefois. Je vois encore, dans l'amphithéâtre de la Faculté des Lettres de l'ancienne Sorbonne, les saluts respectueux, les mines gracieuses, les façons amènes et les politesses exquises que les ecclésiastiques qui avaient assisté à la leçon échangeaient avec M. Saisset, le traducteur et le commentateur de Spinoza. Si l'on excepte quelques

---

(1) Prof. GRASSET. *Les limites de la biologie* (Extrait de la *Revue Thomiste*), Paris, 1901.

prélats fougueux tels que Freppel, tous les professeurs de la Faculté de théologie catholique, Mgr Maret tout le premier, parlaient en chaire comme ils auraient fait dans le salon de Montalembert ou de Madame de Chateaubriand, et leurs manières simples et élégantes rappelaient absolument celles des abbés de cour du dix-huitième siècle.

Que les temps sont changés ! serais-je tenté de m'écrier, si je devais en croire mon expérience personnelle. Il n'est qu'équitable, avant de risquer aucune critique, d'ailleurs plus ou moins justifiée, et à coup sûr injuste si l'on généralisait sans tempérament, de convenir que le traitement aujourd'hui infligé à l'Eglise catholique de France n'est plus du tout celui dont elle jouissait à cette époque. Les Facultés de théologie catholique ont été supprimées, alors que le gouvernement maintenait en plein exercice celles des protestants, quoique les matières de l'enseignement soient absolument de même ordre, abstraction faite naturellement de la confession religieuse des professeurs. On invoqua, en faveur de cette suppression arbitraire, une vulgaire question d'économie : ces Facultés, répétait-on, faisaient double emploi avec les séminaires catholiques.

Il y aurait de la naïveté à discuter des raisons de ce genre; de raisons, il n'en a même jamais existé d'aucun genre pour ceux qui, sur un ordre des protestants et des Juifs, avaient purement et simplement décrété la mort des Facultés de théologie catholique. Naturellement le pape et la curie romaine protestèrent comme toujours ; comme toujours le nonce apostolique assura le Saint-Père de l'intention loyale et des cordiales dispositions du ministère, et il ne manqua point de tirer vanité, à l'ordinaire, des ressources de sa diplomatie.

La dotation des chaires supprimées des Facultés de théologie fut-elle attribuée, au moins en partie, aux séminaires catholiques? Point On lit, dans le budget des cultes de 1900, que les deux séminaires protestants reçoivent ensemble une subvention de 26.000 francs et que le séminaire israélite a pour lui seul 22.000 francs. Mais, aux séminaires catholiques, pas un centime. Alors que les indemnités allouées aux prêtres catholiques ne représentent que l'intérêt des biens du Clergé confisqués par la Révolution, sur 71.488 prêtres séculiers, 48.381 seulement reçoivent un traitement de l'Etat. Sur ces 48.381 prêtres, 18.170 curés touchent 900 francs et 7.000 vicaires, 450 francs par an. Quelle dérision !

Quand, depuis tant d'années, un pareil traitement est infligé, devant la catholicité, au clergé séculier de France, au clergé le plus charitable, le plus instruit et le plus moral de l'Europe entière, aux prêtres dont les évêques ont fait la France avec les rois de nos trois dynasties, on s'expliquerait qu'un peu d'amertume perçât quelquefois dans les discours ou dans les écrits de ces clercs. Ce serait bien mal les connaître ! S'ils pèchent, c'est à coup sûr dans le sens opposé. Sans être des insurgents, ils pourraient être des mécontents. Leur charité les élève bien au-dessus de ce que le monde appellerait de légitimes revendications : ils rendent d'autant plus de services à l'Etat qu'ils en subissent plus de persécutions; bref, ils rendent le bien pour le mal.

Le clergé séculier de France ne montre-t-il pas cependant une longanimité excessive ? Ne descend-il pas, comme le reste de la nation, la pente douce d'un optimisme qui n'a certes rien de chrétien ? Ne s'abandonne-t-il pas à la joie de vivre, fût-ce sans honneur? N'est-il point touché de notre frénésie d'abjection ?

II

Aujourd'hui, l'homme d'Eglise, entraîné, dès le séminaire, comme le lycéen, à tous les exercices du corps, grand marcheur et grand cycliste, a l'habitude d'attaquer de front toutes les questions, sans nulle conscience de ce qui nous manque à tous pour en imaginer même une solution éloignée, toujours provisoire, toujours subordonnée à l'infirmité de notre esprit et à l'indigence de notre science. C'est qu'en effet le pli que l'on contracte dans les classes de théologie ne paraît point susceptible de s'effacer. Cette gymnastique à vide de l'esprit scholastique a donné tant de souplesse et de force aux facultés ratiocinantes de l'entendement, que l'ecclésiastique discute volontiers sur tout et a réponse à tout.

S'il n'est ni astronome, ni physicien, ni chimiste, ni biologiste, il n'aura garde de révoquer en doute les faits ou les hypothèses que la science enseigne. Mais, comme la science fait profession de ne rien connaître de l'origine et de la fin des choses, si elles ont une origine et une fin, bref, de la nature et de la raison du monde, cet aveu d'ignorance, qui rend le savant si humble, produit d'ordinaire un effet tout contraire chez l'ecclésiastique. C'est alors que l'homme d'Eglise évoque un Olympe de forces métaphysiques et d'entités théologiques qu'il paraît connaître et fréquenter comme des génies familiers. Ce domaine est fermé au savant. Il respecte trop la foi du prêtre pour discuter le moindre point de dogme avec lui. Il s'excuse et passe en s'inclinant, enviant peut-être la paix et la joie des multitudes agenouillées dans les cathédrales, et dont les voix montent en alléluias vers l'infini.

L'ecclésiastique manque parfois de cette discrétion de l'homme d'études. De l'oratoire, où il sort de catéchiser les enfants, il court au laboratoire pour initier le savant de bonne volonté à ce qui est pour la foi l'explication dernière des choses : Dieu, la création, l'âme immortelle, la vie future, la liberté, le surnaturel et le miracle.

Le savant l'écoute sans pouvoir comprendre. En somme, la science n'a rien appris à l'ecclésiastique, puisqu'elle ne sait rien de ce qu'il lui importe tant de savoir et d'enseigner. Mais il ne se rend pas à l'évidence des lois de la critique de la connaissance. Il est utilitaire et pratique ; il ne saurait comprendre pourquoi l'on cherche à approfondir ce qu'on a défini tout d'abord inconnaissable. Il n'oublie pas qu'il est théologien, et qu'il doit défendre la religion contre les doctrines contraires ; il cultive aujourd'hui l'apologétique avec plus de zèle qu'en aucun temps.

Imaginant (rien ne lui coûte moins que d'imaginer) on ne sait quelle hiérarchie de causes et d'espèces intelligibles, l'ecclésiastique de ce temps-ci se déclarera, sans hésiter, aussi bon évolutionniste que Darwin ou Hæckel lui-même, et protestera bien haut contre les théologiens attardés qui s'en tiennent à la lettre des livres saints sans les interpréter comme il convient, laissant ainsi licence aux incrédules de proclamer la déchéance des dogmes fondamentaux de la Bible.

Prenons un exemple.

III

En 1891 et 1892, un médecin militaire hollandais, Eugène Dubois, trouva à Trinil, dans l'île de Java, sous 15 mètres de terre, dans un terrain appartenant au plus récent tertiaire, au pliocène supérieur, parmi d'autres fossiles de la faune tertiaire, une calotte cranienne, deux dents molaires supérieures et un fémur entier, qu'il attribua à un être intermédiaire entre les grands Singes anthropoïdes et l'Homme : c'est le *Pithecanthropus erectus* (1). « Par le *crâne* et les *dents*, dit le savant paléontologiste hollandais, le *Pithecanthropus erectus* s'approche des Anthropoïdes, de l'Homme par le *fémur*, sans pourtant pouvoir être rangé ni parmi les Anthropoïdes ni dans le genre humain. Le crâne, par sa forme, ressemble de très près à un crâne de Gibbon deux fois agrandi, mais il diffère beaucoup de tout crâne humain, même du type néanderthaloïde. Les crânes du Néanderthal et de Spy sont d'abord beaucoup plus grands et aussi très différents de forme, surtout dans la partie antérieure et dans la partie pariétale.... Mais c'est surtout dans la partie orbitale du front que le crâne du Pithecanthropus est aussi éloigné des crânes néanderthaloïdes que de tout autre crâne humain. Cette partie est entièrement pithécoïde. »

Le médecin hollandais persiste à penser, touchant la place qu'il convient d'attribuer dans la

---

(1) V. *Anatom. Anzeiger*, XII, 1.

série des Primates à son *Pithecanthropus erectus*, que cet être appartient, en ligne directe, à la généalogie de l'Homme. Notre ancêtre, en tout cas, ne pouvait en être très différent. Cunningham, W. Turner, D. Hepburn et la plupart des auteurs de langue anglaise considèrent le crâne fossile de Java comme un crâne humain. Manouvrier et Houzé tiennent ces ossements, demeurés enfouis pendant de nombreuses centaines de siècles, pour des restes humains d'une race fort inférieure, plus arriérée que celle de Néanderthal : le bipède marcheur de Trinil était bien, toutefois, un homme, un homme pliocène, non un anthropoïde. D'où le nom de *Homo pithecanthropus* qu'a proposé de donner à cet homme pliocène le savant professeur de l'Ecole d'anthropologie de Paris. Krause, Virchow, Waldeyer, tiennent, au contraire, les ossements fossiles de Trinil pour des restes d'anthropoïdes.

Mais, au point de vue de la théorie transformiste, la seule qui soit *explicative* au sens scientifique du mot, ces distinctions ne sont fondées ni en fait ni en doctrine. La calotte cranienne du Trinil provient bien d'une espèce de bipèdes marcheurs, espèce humaine ou préhumaine, intermédiaire entre les Singes et l'Homme, contemporaine d'une faune néopliocène bien datée et bien caractérisée. Géologues et paléontologistes paraissent unanimes sur ce point capital pour la théorie de l'origine de l'homme.

La paléontologie, l'embryologie et l'anatomie comparées forment les assises inébranlables de la doctrine de la descendance de l'Homme. Chaque jour de nouvelles preuves confirment la réalité des liens généalogiques qui font des Singes anthropoïdes et de l'Homme une seule et même famille (Selenka). Parmi les Singes catarrhiniens, les espèces de Singes anthropoïdes encore ivantes forment, avec l'Homme, un groupe qui se distingue de tous les autres Singes de l'ancien monde par la formation d'un placenta discoïdal (au lieu d'être bidiscoïdal).

Enfin l'étude comparée de la nature et de la constitution chimique du sang, dans la série entière des vertébrés, et en particulier chez les Mammifères supérieurs et les Primates, a jeté, selon nous, la plus vive et éclatante lumière sur nos origines.

On sait que le sérum du sang d'une espèce quelconque de vertébrés dissout, lorsqu'on le mélange au sang d'une autre espèce, les globules rouges ou hématies, à moins qu'il ne s'agisse d'espèces aussi rapprochées que le chien et le loup, le lièvre et le lapin, le cheval et l'âne. Mais le sérum sanguin de toutes les classes de Poissons, d'Amphibiens, de Reptiles, d'Oiseaux et de Mammifères est globulicide d'une espèce à l'autre (Creite). La forme des érythrocytes diffère, on le sait aussi, chez les Mammifères (le chameau et le lama exceptés) et le reste des Vertébrés. Le sang de certains Poissons, celui des Reptiles et des Oiseaux est plus toxique que celui des Amphibiens. La grande toxicité du sérum sanguin des Reptiles et des Oiseaux indique déjà l'existence d'affinités anatomiques qui devaient rendre légitime la réunion de ces deux classes dans le groupe des Sauropsides.

La transfusion du sang d'un Vertébré à l'Homme détermine donc la dissolution des éléments du sang et réalise la formation de stromas globulaires qui obstruent, en se coagulant, les vaisseaux et entraînent rapidement la mort. C'est ce qu'a bien établi Landois à une époque où, en désespoir de cause, un théologien anglican avait conseillé de recourir au sang de l'Agneau! Le fait, du moins, est rapporté par Hans Friedenthal à qui l'on doit le résultat, capital en la matière, qu'il nous reste à exposer (1).

Parti du principe bien établi, que l'existence ou l'absence de toxicité globulicide du sérum du sang emprunté à deux espèces décèle le degré d'affinité zoologique, et par conséquent de la consanguinité de ces animaux, Friedenthal a appliqué cette méthode au sang de différentes espèces de singes, sur lequel il a fait agir du sang humain. Si l'on excepte le Macaque, qui, dans certains cas, s'est montré réfractaire à l'action destructive du sérum sanguin de l'homme (p. 505), celui-ci a été nettement globulicide pour les Lémuriens, les Platyrrhiniens et les autres Catarrhiniens. Seul, le sang des Singes anthropoïdes, Gibbon, Orang-outang, Chimpanzé, a été trouvé « identique » à celui de l'Homme, blanc ou noir : la transfusion du sang a pu être opérée de l'Homme au Chimpanzé, en particulier, sans qu'une trace d'altération des hématies ait été constatée.

La parenté zoologique de l'Homme et des Anthropoïdes a reçu ainsi de ces expériences

---

(1) Hans FRIEDENTHAL in Berlin. Ueber einen experimentellen Nachweis von Blutsverwandtschaft. (Arch. f. Anat. u. Phys. Physiol. Abth., 1900, 494.)

une démonstration péremptoire, puisque les preuves et contre-épreuves s'étendent à tous les Vertébrés, et cela avec une rigueur scientifique que ne possédaient pas toujours au même degré les arguments tirés de la paléontologie, de l'embryologie et de l'anatomie comparées. Hans Friedenthal ajoute que seuls sont féconds les croisements d'animaux dont le sang n'est point réciproquement globulicide, c'est-à-dire est « identique ». C'est le cas pour le cheval et l'âne, le lièvre et le lapin, le chien et le loup, qui produisent des métis viables. Un même sang coule donc dans les veines des Singes anthropoïdes et de l'Homme; leur parenté zoologique, leur consanguinité, en ressortent par conséquent avec une évidence invincible.

Si le problème de l'affinité, de la parenté et de la consanguinité des Anthropoïdes et de l'Homme est résolu, une conséquence, selon nous, en dérive avec la même nécessité contraignante : des expériences comparées de fécondation artificielle devraient confirmer la découverte de la consanguinité de ces Primates. Les métis qui en naîtraient seraient viables. Pour moi, je le répète, la question des origines simiennes de l'Homme est résolue affirmativement. Les Anthropoïdes et l'Homme appartiennent à une seule et même famille.

IV

Les fonctions du névraxe ne sont pas moins identiques chez l'Homme et chez les Anthropoïdes, car la structure et texture des tissus et organes de cet appareil ne diffèrent dans ces êtres que par la complexité, mais nullement en nature. La moelle épinière et l'encéphale des Singes supérieurs et de l'Homme possèdent une anatomie et une physiologie de tous points comparables. C'est même la raison pour laquelle, depuis Galien, le singe a été considéré comme l'animal le plus propre à servir aux démonstrations anatomiques (1). L'étude des centres d'association de l'écorce cérébrale, et partant de l'intelligence humaine, ne pourra même avancer et réaliser des progrès décisifs que par l'investigation expérimentale des mêmes régions chez le Chimpanzé, le Gibbon et l'Orang.

Cet ancêtre de l'Homme, l'*Homo Pithecanthropus*, dont nous descendons peut-être, avait un *facies* simiesque. Les dimensions des dents et le volume des mâchoires, la visière frontale en toit, les apophyses orbitaires énormes (orbites en lorgnette), conséquence morphologique d'une capacité crânienne relativement

---

(1) Jules Soury. *Le système nerveux central. Structure et fonctions*, etc. Paris, 1899 (G. Carré et C. Naud), I, p. 263.

très faible, l'exiguïté extrême de ce front fuyant (la largeur du frontal n'est que de 88 millimètres), la crête occipitale remontant très haut vers le lambda, l'absence de bosse occipitale, l'absence presque complète de courbure pariétale, la forme aplatie de la calotte (platycéphalie), tout fait apparaître dans l'Homme pliocène de Trinil une espèce intermédiaire, dont le crâne présente des caractères bien inférieurs décidément à ceux de Néanderthal et de Spy. « Par la brièveté et l'aplatissement de sa région pariéto-occipitale, le crâne de Trinil descend au-dessous de celui de certains jeunes anthropoïdes. » (Manouvrier.) Or, c'est un principe, en anthropologie, que l'infériorité craniologique des races humaines fossiles croît en raison de leur antiquité. Le crâne pliocène de Trinil cube de 900 (Dubois) à 1.000 centimètres ; il descend au niveau des crânes les plus petits des races sauvages les plus inférieures et de taille relativement très faible, alors que le fémur indique que cet ancêtre de l'homme possédait une taille moyenne.

Une capacité crânienne de 900 à 1.000 centimètres cubes correspond à un poids encéphalique d'environ 800 grammes. Ce poids n'était certainement pas inférieur à 700 gr. ; il l'emporte de 300 gr. environ sur celui des plus grands Gorilles. Néanmoins on n'a encore rien trouvé de semblable chez un homme de taille et d'intelligence normales. Mais, s'il y a bien des degrés entre l'intelligence d'un Australien et celle d'un Newton, il peut en exister d'aussi nombreux entre l'intelligence d'un sauvage et celle de races intermédiaires au Singe et à l'Homme. Il ne faut parler ici, ni d'idiotie, ni de microcéphalie, qui sont des affections pathologiques de l'encéphale.

Avec Dubois, Manouvrier estime que l'espèce ancestrale d'où est issu le *Pithecanthropus erectus* se rapprochait des Gibbons (Hylobates). Ce n'est pas que les autres anthropoïdes ne soient, à bien des égards, supérieurs au Gibbon. Mais, quant au cerveau, Chudzinski et Manouvrier témoignent que « le cerveau des Gibbons, lequel présente le type humain, ne nous éloigne que par des caractères secondaires, les plus certainement modifiables sous l'influence du seul accroissement de la taille ». La capacité crânienne, partant la grandeur du cerveau, a noté de son côté Hæckel, occupe exactement, chez le *Pithecanthropus erectus*, le milieu entre celle des Anthropoïdes et des races humaines inférieures ; il en va de même pour la ligne caractéristique du profil de la face. » Le genre Gibbon est le mieux adapté à la station verticale, partant à la marche. Bipède imparfait, comme tous les Anthropoïdes, le Gibbon est néanmoins un véritable bipède (Broca) ; il diffère à cet égard beaucoup moins de l'Homme que les autres Primates. Aussi Manouvrier déclare qu'il n'aurait pas hésité à placer le *Pithecanthropus* dans la famille des Hominiens : « car une espèce jouissant de l'*attitude verticale*, de la *marche bipède* et d'un *volume cérébral* au moins du double de celui des Anthropoïdes à taille égale, est complètement de la famille des Anthropoïdes et possède les caractères fondamentaux et distinctifs de la famille humaine. »

C'est grâce à cette attitude que les singes grimpeurs, en devenant des marcheurs bipèdes, ont pu se transformer en Hominiens, le développement du cerveau résultant des différenciations sans nombre réalisées par la division du travail dans le système nerveux central, du fait de l'adaptation des extrémités supérieures aux usages de la main, philosophème presque aussi vieux que la raison humaine elle-même, et qui, du temps d'Anaxagore et d'Aristote, était déjà une question de psychologie physiologique.

Inspiré sans doute par la doctrine de l'évolution naturelle des organismes, doctrine générale, nous l'avons établi par les textes mêmes (1), chez tous les physiologues grecs de son temps, Anaxagore avait écrit cette proposition célèbre, qui doit être considérée comme la pierre d'angle des doctrines biologiques du développement physiologique et morphologique des organismes : « L'homme est le plus intelligent de tous les animaux *parce qu'il a des mains.* » A quoi Aristote ne pouvait manquer d'objecter : « La droite raison nous dit que l'homme a des mains *parce qu'il est le plus intelligent.* » Aristote, cause-finalier, a pour principe, en effet, de considérer les fonctions comme quelque chose non seulement de distinct de l'organe, mais de surajouté à l'organe.

---

(1) Jules Soury. *Le Système nerveux central*, I, 55.

La comparaison qu'Aristote a faite à propos de cette pensée d'Anaxagore mériterait d'être aussi connue que la remarque du philosophe de Clazomène. On dirait un feuillet arraché de quelque livre d'images enfantin, où maître et parents se seraient proposé de répondre d'une manière intelligible aux questions naïves, souvent si embarrassantes, de l'enfant sur le pourquoi des choses et des êtres :

« Les mains sont un organe ; or toujours la Nature, *comme un homme sage*, distribue chaque organe à qui est capable d'en faire usage. Car il est plus *convenable* de donner des flûtes à un joueur de flûtes que d'apprendre à jouer de la flûte à qui possède seulement des flûtes. Si donc il est *meilleur* qu'il en soit ainsi, et si, des choses possibles, la Nature réalise toujours la meilleure de toutes, ce n'est pas parce qu'il a des mains que l'Homme est le plus intelligent : c'est parce qu'il est le plus intelligent des animaux qu'il possède des mains. C'est à celui qui était capable en puissance de pratiquer le plus grand nombre d'arts que *la Nature a fait don de la main*, organe qui, de tous les instruments, peut servir au plus grand nombre d'emplois (1) ».

Ce n'est pourtant pas à dire qu'Aristote n'ait point varié dans l'interprétation des faits d'adaptation des fonctions aux organes. Il est juste et équitable de faire remarquer qu'Aristote a quelquefois parlé non seulement le langage

---

(1) ARISTOTE. *De partibus animalium*, IV, x.

des physiologues hellènes du vi⁰ et du v⁰ siècle, mais formulé des principes d'anatomie philosophique d'une justesse et d'une vérité aussi profondes. Il dit, par exemple, tout à fait dans le même sens qu'Anaxagore, que si, « pour les autres sens, l'Homme est de beaucoup inférieur aux animaux, il est, pour le toucher, fort au-dessus des autres animaux : *c'est pourquoi*, ajoute expressément le Stagirite, l'homme est le plus intelligent des animaux (1). »

Les anthropologistes inclinent à croire que l'homme pliocène de Java ne parlait pas : « L'étroitesse frontale permet de douter, dit Manouvrier, que la circonvolution de Broca ait été plus développée que chez les Anthropoïdes. » — Nous ne pensons pas que l'absence du langage articulé, chez les Singes anthropoïdes, soit due à l'état du développement de cette circonvolution. Il est certain, au contraire, que la plupart des connexions nerveuses périphériques et centrales qui doivent, comme des rouages, entrer en jeu dans le mécanisme du langage articulé, existent depuis longtemps dans le lobe temporal, dans l'insula et dans le lobe frontal des Anthropoïdes. Nous savons que les fonctions d'expression du langage articulé ne s'exécutent pas, dans l'Homme, avec d'autres organes que ceux qui président à l'innervation du larynx, du voile du palais, des lèvres, de la langue. Mais on ne parle pas parce qu'on possède les organes de la parole. Le langage est une fonc-

---

(1) ARISTOTE. *De an.* II, IX, 2. Cf. *de sensu*, IV; *H. A.* l, XV.

tion d'association et de synthèse incompatible avec certains états rudimentaires, non tant des organes du cerveau que de cette fonction cérébrale, bref, d'une fonction des centres d'association.

Des résultats, aujourd'hui bien constatés, de la paléontologie, relativement à l'étude des Singes fossiles, se dégage et s'impose la proposition suivante, formulée par Hæckel : « Tous les éléments fondamentaux de la généalogie des Primates, depuis les plus anciens demi-singes (Lémuriens) de l'éocène jusqu'à l'Homme, apparaissent clairement dans l'époque tertiaire; il n'y a plus de « chaînon manquant », au moins essentiel. L'unité phylétique du *phylum* des Primates, depuis les plus anciens Lémuriens jusqu'à l'Homme, est aujourd'hui un *fait historique*. »

La descendance de l'Homme, des Primates tertiaires éteints, n'est donc plus une hypothèse. La portée incommensurable qui résulte de cette constatation assurée, de cette preuve certaine de l'origine de l'Homme, pour tous les domaines de la connaissance, pour toutes les disciplines de la science et de la philosophie, ne peut plus échapper à aucune intelligence ouverte, capable de réfléchir et de tirer les conséquences d'un principe, d'un fait démontré (1).

---

(1) V. les faits et les considérations scientifiques de ce que nous avançons ici dans notre travail: *Les récents travaux sur l'origine de l'Homme d'après M. Ernest Hæckel*. — *Revue générale des Sciences pures et appliquées*, 30 janv. 1899.

V

Beaucoup d'ecclésiastiques instruits connaissent aujourd'hui ces faits et ne songent point à les révoquer en doute. Ils s'élèvent même éloquemment contre certains savants catholiques qui témoignent vouloir s'en tenir à la lettre des textes bibliques, et, en même temps qu'ils affirment la fausseté d'une doctrine comme le transformisme, par exemple, dénoncent à l'Eglise le péril matérialiste. Mais les nouveaux apologistes chrétiens nient que ce danger existe. « C'est une disposition misérable d'esprit, s'écrie le P. Monsabré, de considérer comme autant de conspirateurs ennemis de la foi ceux qui consacrent leur vie à enregistrer les résultats de l'expérience et d'être toujours prêts à leur contester leurs découvertes, de peur qu'elles ne soient en opposition avec la parole de Dieu. » Et le P. Monsabré, invoquant l'autorité des plus grands saints, de saint Augustin et de saint Thomas, nous assure (sans qu'il paraisse éprouver à cet égard le moindre doute) que ces doctes génies eux-mêmes « prenaient leurs précautions vis-à-vis les progrès qu'ils pressentaient »!

Ainsi, plus d'hésitation. Au sentiment de ces apologistes chrétiens, les espèces doivent se transformer, puisque telle est la doctrine scientifique du transformisme, et si les ossements fossiles de Trinil représentent « l'anneau manquant » qui rattache l'Homme aux Anthropoïdes, si ces ossements sont bien ceux du précurseur de l'Homme, quelle pierre de scandale les catholiques apercevraient-ils là pour leur foi ? Il n'y en a pas : il ne peut pas y en avoir, à entendre ces moines (1) et ces abbés progressistes, qui sont aussi pour la plupart des apôtres de la démocratie chrétienne. Puissent-ils n'être pas faits à l'image et ressemblance du bon abbé Lemire !

Et cependant, rouvrant, après tant d'années, ma vieille bible hébraïque, que j'expliquai, aux jours de ma jeunesse, sous mon maître Renan, je vois que, dans le premier récit de la création de l'Homme, celui de la tradition élohiste, Elohim forme l'Homme à son image et à sa ressemblance, mâle et femelle ; dans un second récit, celui des Origines des cieux et de la terre, Jahweh Elohim forme l'Homme de la poussière de la terre et lui souffle dans les narines une respiration de vie (*Gen.*, I. 26-27 ; II. 7).

Jamais textes antiques furent-ils, en leur simplicité, plus faciles à entendre, moins susceptibles d'interprétations diverses ? Qu'une pareille tradition qui représente l'Homme comme l'œuvre propre de son créateur, comme une image de terre directement façonnée et animée par le divin artisan, non comme un descendant transformé des poissons, des reptiles et des oiseaux, dont Elohim avait déjà peuplé les eaux, les airs et la terre ; qu'une tradition, conservée ici

---

(1) V. R. P. Leroy. *L'homme-singe et la doctrine évolutionniste.* Ann. de philos. chrét., 1901, 516 sq.

sous deux formes provenant sans doute de deux sanctuaires différents de la Chaldée, que le chroniqueur hébreu s'est contenté de juxtaposer, à la manière des historiographes sémites, mais dont l'air de famille est indéniable et atteste la très haute antiquité ; — que l'une ou l'autre tradition, disons-nous, puisse jamais s'accorder avec le transformisme moderne de Darwin et de Hæckel, avec la doctrine de l'évolution biologique fondée sur la paléontologie, l'embryologie et l'anatomie comparées, c'est ce qu'on ne doit pas accorder aux apologistes catholiques de ce temps.

La foi et la science sont ici, comme partout, inconciliables, parce qu'elles n'ont absolument rien de commun ! Elles diffèrent de nature. L'origine, la fin, les méthodes ne sont pas comparables.

Le but des nouveaux apologistes catholiques, c'est d'être à la fois les hommes du livre et les hommes du siècle. Or il y a contradiction à vouloir représenter à la fois la tradition et le progrès. Selon moi, les traditionnalistes ont la meilleure part, car le progrès d'aujourd'hui n'est déjà plus celui de demain. Le monde s'écoule et passe au pied du roc inébranlable de la foi. Comment les théologiens modernistes de la nouvelle Défense de l'Eglise, qui ne peut que gravement souffrir de leur zèle, ne se rappellent-ils plus l'échec complet de l'exégèse rationaliste, le néant des tentatives d'apologétique de tous les siècles touchant la conciliation des récits bibliques avec l'astronomie alexandrine ou copernicienne, avec la géologie moderne, etc. ?

Selon Bergier, savant docteur en Sorbonne, a noté Letronne, « ce sont les incrédules qui ont prêté à Moïse l'idée que le ciel est une voûte solide recouverte d'eau, » etc.. Je rouvre encore ma bible et je constate que le mot hébreu qu'on traduit par firmament renferme en effet l'idée d'une surface solide qui séparait les eaux supérieures des eaux inférieures : c'est cette étendue qu'Elohim lui-même appelle cieux. Saint Augustin, qui, quoi qu'en ait dit le P. Monsabré, n'avait pas pressenti le célèbre apologiste chrétien N. S. Bergier, ni « pris ses précautions vis-à-vis des progrès » de la science, se contente ici d'affirmer avec infiniment de sens et de raison que de quelque façon qu'on se représente les choses, il n'y a point le moindre doute à concevoir sur l'existence de ces eaux là où la Genèse les situe, car, ajoute-t-il, « l'autorité de l'Ecriture est supérieure à toute la capacité de l'esprit humain. » *Major est quippe Scripturæ hujus auctoritas quam omnis humani ingenii capacitas* (1).

Voilà une direcition spirituelle qui en vaut bien une autre; elle vient de plus loin et de plus haut que celle même du Vatican. C'est dans cet esprit vraiment religieux que les questions contemporaines sur l'origine et la descendance de l'Homme auraient dû, selon nous, être traitées par les apologistes chrétiens.

Au lieu de cela, nous trouvons chez ceux-ci une argumentation bien extraordinaire. Peut-être sera-t-on curieux de la connaître. La

---

(1) *In Genes.* l. II, c. v.

voici : — Que, par son corps, l'Homme soit un animal, un Singe, rien n'empêche de le concéder au savant. Mais ce qui sépare l'Homme du reste des animaux, c'est une âme pensante, responsable, immatérielle, une âme qui informe son corps, et si, malgré l'évidence, malgré le consentement universel de tous les hommes et de tous les siècles, le savant ne veut rien savoir de cette âme, tant pis pour le savant !

Le savant n'était sorti du laboratoire pour aller à l'oratoire qu'afin d'y saluer le prêtre et de méditer en silence, selon de vieilles traditions de famille, de nation et de race. Mais l'ecclésiastique n'a été au laboratoire, s'il y a été, qu'afin d'y découvrir des arguments pour ou contre des doctrines abstraites de théologie ou de métaphysique, et il attaque en chaire, il vitupère et flagelle, à la joie maligne des fidèles, les Darwin et les Hæckel qui font descendre tous les hommes du Singe !

Voilà comment l'apologiste comprend d'ordinaire la science.

Notez que le savant ne répond pas, car il ne sait rien de l'âme, si elle existe, ni de ses destinées par conséquent. Et il n'a pas plus besoin de cette hypothèse pour l'étude expérimentale de la sensibilité et de l'intelligence dans la série organique que Laplace n'a eu besoin de Dieu dans son exposition du système du monde.

J'entends bien que si la doctrine évolutionniste est fondée en fait, ce que je crois savoir, l'histoire de l'origine de l'homme selon l'Ecriture ne l'est pas. Il est de foi que nos livres saints sont d'inspiration divine; ils ne peuvent donc renfermer que la vérité révélée. Or Laplace ni Darwin n'ont jamais eu, à coup sûr, semblable prétention en imprimant leurs ouvrages : ils ne renferment, ces ouvrages, de révélation d'aucun genre. Voilà la marque qui caractérise essentiellement les livres d'une religion et les livres d'astronomie, de physique, de biologie. Il faut s'y tenir sous peine d'enlever aux livres sacrés le bénéfice de la nature surnaturelle que la foi leur confère.

Qu'on puisse et qu'on doive étudier les monuments de la littérature hébraïque comme on fait ceux des autres littératures orientales ou classiques, c'est ce que tout le monde concède. Dans ce cas, le philologue et l'exégète appliquent les mêmes règles de critique aux ouvrages historiques, poétiques ou didactiques des anciens Hébreux qu'à ceux des Grecs ou des Romains. Il existe des histoires littéraire de l'Ancien Testament. On peut faire l'histoire naturelle des dogmes, et David Strauss a pu reconstruire la genèse et montrer la formation de la vie de Jésus des Evangiles synoptiques. Christian Baur et l'Ecole de Tubingue ont laissé au monde un travail de même nature touchant les *Actes des Apôtres* et les *Epîtres* du Nouveau Testament.

Toutes ces études d'histoire, de critique et de philosophie demeurent absolument étrangères à la conception qu'un homme d'Eglise doit posséder et conserver des livres où sont inscrites pour l'éternité les promesses et les assurances de sa foi en la révélation. Parce que, des Epîtres attribuées à saint Paul, Christian Baur n'en a gardé que quatre comme authentiques, celles aux Galates, aux Corinthiens et aux Romains, croit-on que les Epîtres de Paul, contestées ou non, perdront rien de leur vertu sanctifiante, de leur puissance d'édification, quand le prêtre les lira à l'autel, quand l'orateur sacré les prendra pour texte de son prône dans la chaire de son église ?

J'ai dû signaler le vent d'apostolat, peut-être dangereux, que la nouvelle apologétique souffle sur le monde catholique, au grand scandale des croyants de vieille roche. Ces gens simples ne sont pas des « intellectuels ». L'anarchie, qui désorganise la société française contemporaine, ne sévit pas moins sur l'Eglise catholique. Les abbés démocrates et socialistes ont voulu s'adapter aux partis politiques de ce temps en maintenant leur qualité de chrétiens, comme certains apologistes ont tenté de concilier le transformisme et la Bible en se déclarant évolutionnistes chrétiens.

Mais la science et la politique ne sont pas plus chrétiennes qu'antichrétiennes. Seuls, les hommes politiques ou les savants peuvent être ou ne pas être chrétiens.

L'évolutionnisme n'a rien de commun avec la doctrine de la création, et ce n'est point parce qu'on l'aura baptisé spiritualiste et chrétien qu'il cessera d'être ce qu'il est, de nécessité, matérialiste et athée.

La raison en est toujours la même : la science est et sera toujours étrangère à la foi.

Il faut sans doute, je le conçois, beaucoup d'abnégation à l'homme d'Eglise pour se laisser confiner dans le sanctuaire, dans l'ombre qu'éclaire vaguement, nuit et jour, la lampe mystique des autels, loin du bruit et des disputes du siècle. Mais, s'il possède les paroles de la vie éternelle, pourquoi descendrait-il de la chaire de vérité pour discuter avec des hommes dont le premier et le dernier mot est un aveu d'ignorance et une profession de scepticisme, au sens antique du mot, c'est-à-dire la confession d'une incapacité absolue de rien connaître en dehors des rapports des choses sur un point de l'espace et à un moment de la durée?

www.ingramcontent.com/pod-product-compliance
Lightning Source LLC
Chambersburg PA
CBHW060723050426
42451CB00010B/1600